Wonderland *of* Paper Cutting

立体でつくる、綺麗な切り絵と小物たち

カジタミキ
Miki Kajita

日本文芸社

Introduction
立体切り絵
6つのテクニック

組み立てる

さまざまな形に切ったパーツを使って組み立てれば、複雑な形にすることも可能です。

連ねる

モチーフをつなげて切って、両端を貼り合わせたり引っかけたり。形も表情も変化します。

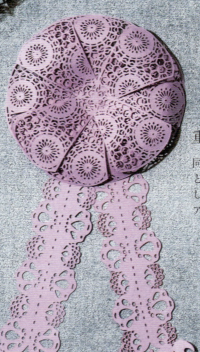

重ねる

同じパーツを重ねることで立体に。少しずらしながら重ねるとニュアンスが生まれます。

はじめに

　ふらりと入った骨董品店で見つけた、柿渋染めの型紙たち。
　私が切り絵を始めたきっかけは、この出会いでした。
　おそらく明治か大正のころのものだったのでしょう。虫食いがひどく、とてもきれいな柄なのにもったいないな……と思い、型紙を再現すべく、損なわれた部分を想像しながら切り始めました。
　切ったものをメッセージカードにして、お世話になった方や友人にプレゼントしてみたら、とても喜ばれたのを覚えています。
　それから、独学で切り絵の技術を習得し、3年ほどでオリジナルの切り絵作品を作るようになりました。

私の作品はとてもカラフルで繊細な線で構成されています。細かい図案を前に途方に暮れてしまうかもしれません。でも、そんなときは全体を見ず、今切る一部分に集中してみてください。まさに森を見ずに木を見るのです。少しずつ着実に切っていけば、複雑な図案も切り進めることができるでしょう。

　また、切りやすい方法は人それぞれ。その人のクセもあります。まずは、いろんな図案をたくさん切ってみてください。おのずと切り方のコツや、自分が切りたい線がわかってくるでしょう。そして切ることの楽しさを実感できるはず。

　本書で切り絵の魅力を発見していただければ、うれしく思います。

カジタミキ

Contents

立体切り絵6つのテクニック		2
はじめに		4

Spring 春

Motif	寝覚めの夢	8・53・65
Motif	フルール・ド・リス	10・54・67
Motif	ひとひらの舞	12・55・66
Rosette	わたしを離さないで	13・55・68
Accessory	ブルー・ローズ	14・55・69
Motif	窓際温室	15・56・70

Summer 夏

Garland	銀河旅行	16・57・71
Lamp	モン・レーヴ	18・58・76
Motif	クレール・ド・リュンヌ	19・57・78
Motif	朝を泳ぐ	20・58・75
Motif	水とダンス	21・58・80
Motif	幾何学の魚	22・59・80
Motif	ブルー・タイル	23・59・69
Lei	無垢の祝福	24・59・82
Bracelet	しずくの音階	25・60・79

Autumn 秋

Motif	ベル・リュネット	26・60・84
Motif	魔法をかけて	26・60・81
Motif	ハートの罠	28・60・84
Broach	少女だったころ	29・61・83
Motif	真夜中のカードゲーム	30・61・85
Book Marker	世界一周の旅	32・61・86

Winter 冬

Ornament	スノー・ホワイト	34・38・62・87
Motif	雪のレース	36・39・63・90
Glass Marker	カクテル・パーティー	40・63・90
Decoration	幸運をはこぶ石	42・63・92
Wreath	粉雪をまとって	43・64・93

Gallery　　カジタミキの切り絵の世界　　　44

切り絵のはじめ方

基本の道具と図案の使い方	48
基本の切り方	50
立体にするテクニック	52
作り方のポイントとテクニック	53

図案集　　　　　65

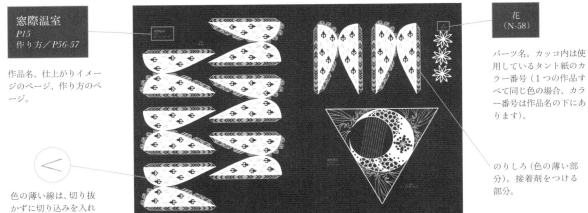

図案集の見方

窓際温室
P15
作り方／P56-57

作品名、仕上がりイメージのページ、作り方のページ。

花
（N-58）

パーツ名。カッコ内は使用しているタント紙のカラー番号（1つの作品すべて同じ色の場合、カラー番号は作品名の下にあります）。

のりしろ（色の薄い部分）。接着剤をつける部分。

色の薄い線は、切り抜かずに切り込みを入れるだけの部分です。

春 Spring

季節の到来を告げるかのように咲く花々と、
花に誘われて舞う蝶たち。
春を賑わす自然モチーフの切り絵です。

a
パールを連ねたような水滴模様は夜露のイメージ。月を思わせる黄色で。

b
月、蓮、虹、しずく。ちりばめられたモチーフが、時計の歯車でつながるデザイン。

c ゆるやかに描かれた水紋から、存在感のある蓮の花が咲いています。

d 大胆な千鳥格子のモチーフと、繊細な線が織りなすバランスが魅力です。

Motif

寝覚めの夢

体にさりげなく蓮のモチーフをしのばせた4匹の蝶。羽にまるみをつけたり、持ち上げたりして、今にも飛んでいきそうなニュアンスをつけてみましょう。

[作り方 P53、図案 P65-66]

寝覚めの夢c

寝覚めの夢d

Motif

フルール・ド・リス

フランス王家の紋章やジャンヌ・ダルク、聖母マリアの象徴としても知られるフルール・ド・リスは、フランス語でユリの花。優雅な花びらを組み合わせて大輪に。
[作り方 P54, 図案 P67]

a
花の儚い命を感じさ
せるような一重桜は
ごく淡いピンクで作
りました。

b
ずらして貼るだけで、
奥行き感が感じられ
る八重桜。同じ色で
重ねると違う表情に。

c
花びらをひとつずつ
切れば、贅沢な花吹
雪に。花のまわりに
散らして額装しても。

Motif
ひとひらの舞

ピンクのグラデーションで2枚の花びら
を作り、1枚で一重桜、少しずらして重
ね八重桜に。花びらはひとつずつ切り離
して、桜吹雪にしてもきれいです。
[作り方 P55、図案 P66]

Rosette
わたしを離さないで

繊細なレースのロゼット。ブローチピンをつければコサージュにも。1色づかいにしてシックな印象にしました。やわらかな春の光によく合います。

［作り方 P55、図案 P68］

a
花がアシンメトリーに連なるデザインが表情豊かなブレスレット。

b
ミニバラの花びらに落としたパールの粒が、ジュエルな輝きを演出するピアス。

Accessory

ブルー・ローズ

サムシング・ブルーのひとつとして、ウエディングでも人気のブルー・ローズ。花びらパーツをひとつひとつ起こして、バラ独特の立体感を表現しました。
[作り方 a/P55・b/56, 図案 P69]

2015年9月にウエディングドレスブランドのディスプレイ用に作成したバラをアレンジしました。

Motif

窓際温室

ぷっくりとした果肉に、とげをつけたサボテン。頭には黄色い小花を咲かせました。春の日差しが差し込む窓際に、観葉植物と並べて飾ってみましょう。

[作り方 P56-57、図案 P70-71]

夏 *Summer*

夜空を彩る星座や月。水辺でキラキラ輝く金魚。
日差しに映えるプルメリアやブルータイル……。
夏の空と光を感じさせるモチーフを切ってみましょう。

a
白鳥座とともに夏の大三角形を作る琴座。三日月型の琴になっています。

b
ノーザンクロスとも呼ばれる白鳥座には、ダイヤモンドダストをちりばめました。

c
S字を描いて天に横たわるさそり座。クリムトを思わせるデザインに。

d
夜空を思わせるネイビーを、花たちがからみあうシックな文様で囲んで。

Garland

銀河旅行

夏の夜空に輝く3つの星座と、どこまでも深くすい込まれるような濃紺の夜空をリボンでつないでガーランドに。お部屋の壁に銀河をかけましょう。

[作り方 P57、図案 P71-74]

Lamp
モン・レーヴ

伝統文様「観世水（かんぜすい）」のような水紋で土星を表現。植物モチーフとウサギを連ねた輪をつけ、明かりを灯すと、まさに、「私の夢（モン・レーヴ）」の世界。
［作り方 P58、図案 P76-77］

Motif

クレール・ド・リュンヌ

夏の夜空を明るく照らすお月さま。クレーターを切り抜くデザインだから、中に電球を入れれば幻想的な月の光（クレール・ド・リュンヌ）がこぼれるランプに。

［作り方 P57、図案 P78-79］

Motif

朝を泳ぐ

蓮の花が咲く初夏の朝。スイスイと水紋を残して泳ぐカエルとおたまじゃくし。蓮のピンクがポイントです。ガラスの器に入れて夏の涼しげなインテリアに。
[作り方 P58, 図案 P75]

Motif

水とダンス

オーガンジーのドレスのような尾ひれをつけた金魚が、色鮮やかな水草とダンスしているみたい。尾ひれと水草を貼り合わせてみたり、自由に組み合わせてみて。

[作り方 P58-59、図案 P80-81]

Motif

幾何学の魚

アシンメトリーな幾何学模様が個性的。ゆらゆらと揺れるようなラインは、まるで水の中を舞っているみたい。ガラスの額装で水槽を泳いでいるような演出に。
［作り方 P59、図案 P80］

a
ところどころ大きく切り抜いたデザインが、透明感を感じさせます。

b
シンメトリーな尾ひれとアシンメトリーな胸びれの対比が印象的です。

Motif

ブルー・タイル

アルハンブラ宮殿を思わせる、空色のコバルトブルーと雲のような白の配色が、太陽の光を浴びて、とても鮮やか。グレーやパープルと白の配色でもシック。
[作り方 P59、図案 P69]

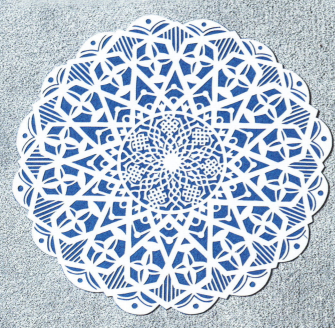

a
透かし彫りの施されたアーチ窓のイメージ。コースターにしてもすてきです。

b
直線と曲線が織りなす模様がエキゾチックな雰囲気を漂わせています。

Lei
無垢の祝福

ハワイで祝福の意味を込めて贈られるプルメリアのレイ。花びらをふちどる小さなアクセントが、花びらに落ちた朝露のよう。花は単体で作ってもかわいい。
作り方 P59 図案 P92

Bracelet

しずくの音階

梅雨空を飛ぶツバメの軌道を五線譜に、空から落ちる雨のしずくを音符に見立てたデザイン。燕尾服のツバメの指揮者が奏でる、しずくの音階をブレスレットに。

[作り方 P60、図案 P79]

a
フラジールな線を描く葉脈に伝統柄「七宝(しっぽう)」をしのばせて。

Motif

ベル・リュネット

美しい眼鏡（ベル・リュネット）をもつトンボは、アールデコ風のモチーフを施して。胴体から広がる波紋が、ふと水辺にとまった情景を思い起こさせます。
[作り方 P60、図案 P84]

秋 utumn

温かみのある自然モチーフや
秋の夜長にぴったりなアイテムで、
深まる季節を感じながら切り絵を楽しみましょう。

b
プリミティブな模様のカエデはまるで天狗のうちわ！

c
舞う秋風のなかを自由に飛びまわる鳥のイメージ。

d
伝統柄「毘沙門亀甲（びしゃもんきっこう）」を根元にあしらって扇みたいに。

Motif
魔法をかけて

なんの変哲もない落ち葉に魔法をかけて、ユニークな柄をしのばせました。伝統柄をからめたり、プリミティブな模様を合わせたり。ブックマーカーにしても。

[作り方 P60、図案 P81]

Motif

ハートの罠

ハートの形に紡がれたクモの巣。しとしとと降る秋の長雨に濡れているかのよう。巣からスルリと降りてきたクモは、糸の先を好きなところに引っかけて。

[作り方 P60、図案 P84]

Broach

少女だったころ

12枚の花びらを重ねたダリアのブローチ。
深みのある色とパールでアンティークの
ような風合いに。花びらの数を減らして
シンプルに作ってもよいでしょう。

［作り方 P61、図案 P83］

a
バックフェイスは4つのマークを組み合わせたシンボリックな模様に。

b
お金や財宝を意味するダイヤのマークは、きらめきをテーマにしたデザイン。

c
騎士、貴族の剣などを意味するスペード。冷たく光る剣をあしらいました。

Motif

真夜中のカードゲーム

秋の夜長に興じるカードゲームは、こんなトランプで。フェイスにはマークの持つ意味をあしらい、不敵な笑みを浮かべるかのようなジョーカーもそろえました。

［作り方 P61、図案 P85］

d 聖杯、愛を意味するハートは、聖杯からあふれだした水のイメージです。

e 農民や勇気、秋を意味するクローバー。豊かな植物モチーフで飾りました。

f ときにキングにも勝るジョーカー。ブランコの上で不敵な笑みを浮かべています。

Book Marker

世界一周の旅

読書で過ごす秋の夜長は、世界一周の本の旅に出かけましょう。おともしてくれるのは、インド、アメリカ、ドイツ、エジプトのブックマーカーたち。
[作り方 P61、図案 P86]

a
月夜に浮かび上がる白亜の宮殿。さあ、「千夜一夜物語」へ出発です。

b
自由の女神が見守るニューヨークで、「ライ麦畑でつかまえて」の世界へ。

c
舞踏会のあるドイツのお城へと走る馬車。乗っているのはきっと「シンデレラ」。

d
灼熱の砂漠で繰り広げられるのは「アントニーとクレオパトラ」の恋の物語。

冬 *Winter*

クリスマスや新年を祝うパーティーで活躍してくれる
インテリア・アイテムやテーブル・ウエアを
切り絵で作って、スペシャルなひと時や空間に。

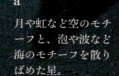

a
月や虹など空のモチーフと、泡や波など海のモチーフを散りばめた星。

Ornament
スノー・ホワイト

クリスマスツリーに飾ったり、ドアや窓に吊り下げたり、家中をクリスマスにしてくれるオーナメント。凛とした冬の空気のようなスノー・ホワイトの色合いで。

[作り方 P62-63, 図案 P87-89]

b
ヨーロッパの雰囲気を漂わせる、植物モチーフをあしらった可憐なベル。

c
ポコポコとはじけるような雪の結晶をランダムに切り抜いた雪玉のようなボール。

Motif
雪のレース

雪の結晶をモチーフにしたレースペーパー。窓ガラスや壁に貼って冬のインテリアに。お皿かわりにしてプチフールをのせれば、小粋なパーティーの演出にも。
[作り方 P63, 図案 P90-91]

a
空に輝く星のような氷の結晶。大胆な線と華奢な線が織りなす氷の世界。

b
美しくカットされたダイヤモンドをあしらった模様は繊細なガラス細工のよう。

c
氷がとけて水がしたたり落ちているようなデザインは、まるで氷のシャンデリア。

スノー・ホワイトa

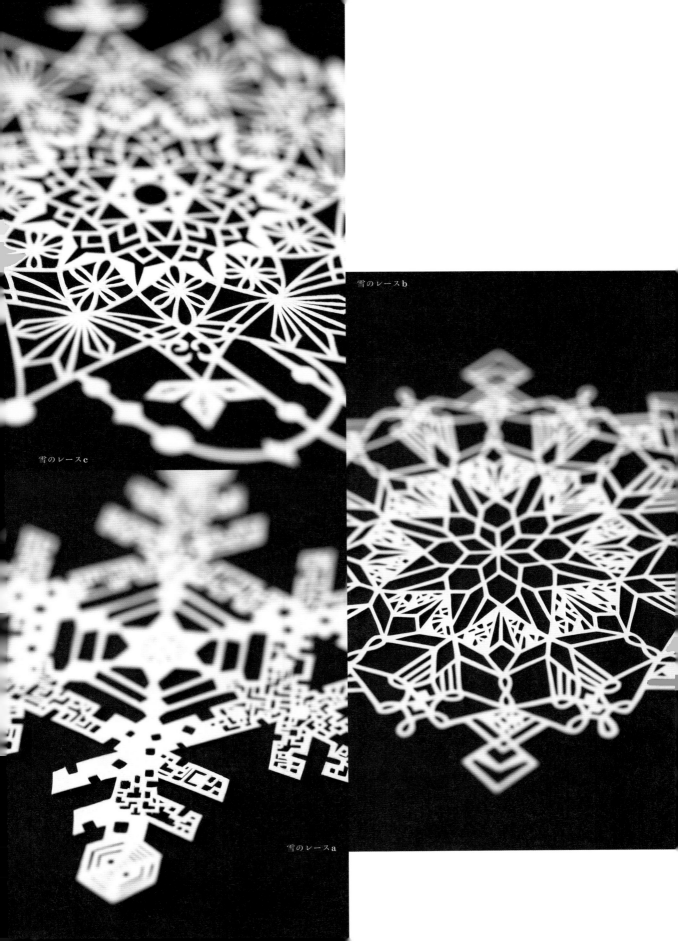

雪のレースb

雪のレースc

雪のレースa

Glass Marker
カクテル・パーティー

冬のテーブルを彩るカラフルな動物たちのグラスマーカー。シンプルな図案ですが、ラインの入れ方次第で、体の動きや表情のニュアンスが表現できます。
[作り方 P63、図案 P90-91]

b
シンプルなシロクマのシルエットにツンと上がった鼻先やしっぽで表情をプラス。

a
流氷にたたずむペンギン。氷の鋭く冷たい印象を細かく見せています。

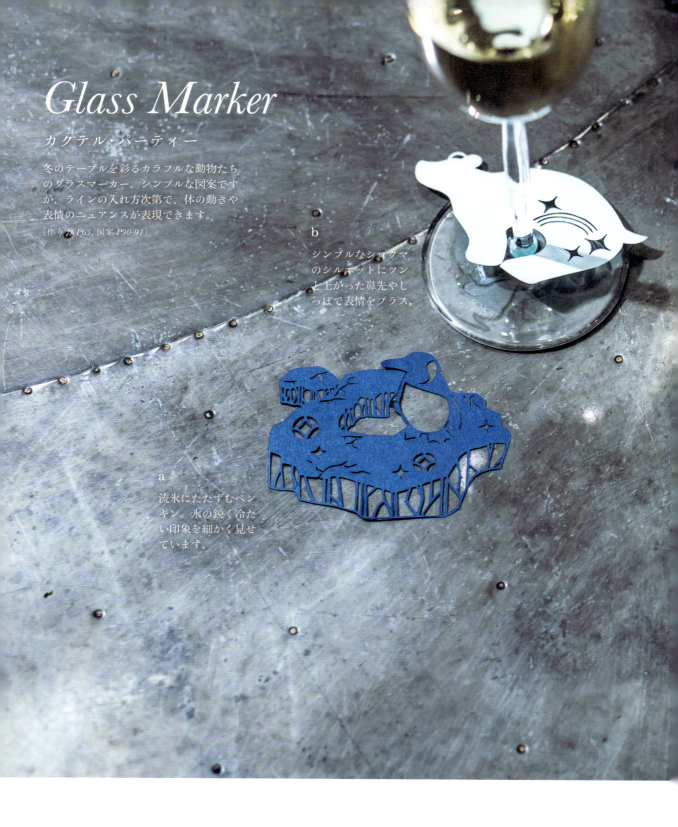

c 北の大地を駆け回るキツネのすばしっこい動きを、胴体の模様で表現。

d ヒレをピンとさせて、おすましポーズのアザラシ。どこか得意げな表情です。

e フクロウのフカフカの羽や木のニュアンスを、さまざまなラインで表しています。

Decoration

幸運をはこぶ石

細かなカットで輝きを放つダイヤモンドに、大小2つのツタをからめて作ったドアチャーム。エレガントな曲線を描くツタがダイヤモンドを引き立てます。

[作り方 P63-64、図案 P92-93]

Wreath

粉雪をまとって

はかなげな純白の小花と葉をふんわりと巻きつけた、粉雪をまとったようなリース。小花と葉は量を増やしても。ブルーライトを灯すと、また違った表情に。

[作り方 P64、図案 P93-95]

Gallery

カジタミキの切り絵の世界

鮮やかなカラーリングと、
繊細な切り絵が織りなす
独特な世界をご紹介します。

七色の鳥

とても紙でできているとは思えない、艶やかな羽が美しい七色の鳥。細かく施されたカッティングが作り出す繊細でやわらかな質感が見る者を惹きつけます。

ヴェネツィアン・マスク

ファンタジックなデザインのなかにどこかリアルを感じさせる蝶のシリーズ。ヴェネツィアン・マスクを思わせるカラフルでインパクトのあるデザインです。

シンデレラのドレス

レースのようなモチーフを幾重にも重ねたビスチェとスカート。ブルーとパープルのグラデーションが幻想的です。ウエストにはフルール・ド・リス（→P10-11）が。

ガラスの靴

ドレスとセットで制作された靴。宇宙や水、虹、蓮などさまざまなモチーフで構成される独特な世界。実際にはくことができる大きさになっています。

切り絵のはじめ方

基本の道具と図案の使い方

切り絵に必要な道具や紙、基本の切り方、本書で掲載している作品を作るポイントを紹介します。また、失敗したときの修復方法や立体にするテクニックについても解説しています。

道具

切り絵の基本の道具はカッターとカッターマット。さらに立体にするために必要なもの、あると便利な道具を紹介します。

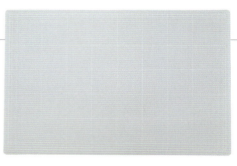

カッター
ペンタイプで握りやすく、繊細な線を切りやすい、デザインカッターを使用しましょう。

カッターの刃
刃の角度には30度や40度などがありますが、細かい図案を切りやすい30度がおすすめ。

カッターマット
本書で紹介している図案を切る場合は、A3サイズくらいが使いやすいでしょう。

接着剤
速乾性で、紙だけでなく金属やプラスチックなども接着できるタイプだと便利です。

つまようじ
接着剤をつけるのに使用。少量ずつとることができるので、接着剤のつけすぎを防げます。

スティックのり
仮どめに使います。ただし、長時間仮どめ状態で放置するとはがれなくなるので注意を。

ピンセット
細かい部分や、指が入らないところの接着面を押さえたり、ヒモを通したりするのに便利。

クリップ
接着面を固定しておきたいときや、作業しやすいようにとめておきたいときに使います。

ペンチ
丸ペンチ、平ペンチがあると便利。アクセサリーパーツをつけるさいに使います。

マスキングテープ
コピーやトレースした図案を重ねて切る場合、図案がずれないように固定します。

はさみ
本書では基本的に使いませんが、余白を手早く切りとりたいときなど使用しても。

紙

紙は厚すぎても薄すぎても切りにくくなります。紙の厚みは斤量(きんりょう)で表され、単位はkg。本書では70kgのタント紙を使用しています。いろいろな紙を試してみるとよいでしょう。

図案

図案の使い方は3つ。いずれも切った面の反対側が表になります。そのため本書の図案は仕上がりと左右逆になっています。

紙に直接コピーする

紙を重ねない分、ほかの2つよりも切りやすく、細い線が多い図案は、この方法で切るのがおすすめです。図案の拡大、縮小が可能。

コピーした図案を重ねる

一般的なコピー用紙に図案をコピーし、切りたい紙と重ね、2枚一緒に切っていきます。ずれないようにしっかり固定します。図案の拡大、縮小が可能。

トレースした図案を重ねる

トレーシングペーパーなどに図案をトレースし、切りたい紙と重ね、2枚一緒に切ります。この場合、図案の拡大、縮小はできません。

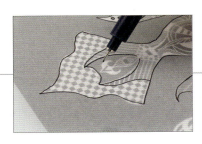 

基本の切り方

基本的なテクニックを知っておきましょう。
カッターの持ち方、刃のあて方や動かし方、そして切る順番など
うまく切るためのコツをつかんでください。

カッターの持ち方

鉛筆を持つようにして握ります。力が入りすぎないようにリラックスして持ちましょう。刃の角度も文字を書くときと同様ですが、切る線や形によって刃の角度を調整しましょう。

刃の角度

小さな円や角、細かい部分を切るときは刃を立てるように。

長い直線やカーブを切るときは刃を寝かせぎみに。

切る順番とコツ

切る順番は、基本的には図案の上から下へ、左から右へ(左が利き手の場合は逆)となり、輪かくは最後に切ります。ここでは26ページの「魔法をかけて a」で切り方を見ていきます。

1 左上からスタート
左のエリアを上から切っていく。カッターを持つ手と反対側から切るのが基本。

2 細部は刺すように切る
細かい部分や円などは刃を立てて、少しずつ刺すようにし、慎重に切る。

3 起点を見極める
刃を入れる起点は、V字の谷部分。刃の先端を刺すように入れてから切るとやりやすい。

4 紙をまわしながら切る
曲線などは、刃の向きを変えるのではなく、紙を動かして常に一定方向に刃を動かすようにすると切りやすい。

5 角は十字に切り落とす
最後に輪かくを切る。角の部分は十字を切るように、図案より長めに刃を入れるときれいな角に。

6 完成
裏面が表になるので、ひっくり返して完成。

失敗したら

誤って図案を切り落としてしまったときや、紙がいたんだり破れたりしたときの対処法を2つ紹介します。

裏面でつなげる

間違って切り落としてしまった場合、裏面に同じ色・素材の紙を使ってつぎはぎをします。ただし、立体作品の場合は裏面も見える場合があるので注意を。

1 同じ紙を小さく切ったものを用意し、切れた個所の裏面に渡して接着剤で貼る。

2 表に向け、はみ出している部分を切りとる。刃を内側に差し込むようにして切るとよい。

接着剤で補強する

ごく細い線は、紙でつぎはぎをするのが不可能な場合もあります。そんなときは、裏面に乾くと完全に透明になる接着剤をつけて固定させます。

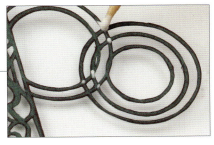

少量の接着剤を、つまようじを使って切れた個所にのせていく。

UVレジン液で補強する

細い線や、ブレスレットの留め具部分などの触れる機会が多い個所は、アクセサリー作りなどでよく使用されるUVレジン液で補強するとよいでしょう。紙へのにじみが気になる場合は、にじみを防ぐ用液を併用します。

UVレジン液

紫外線に当たると硬化する液体で、紙のほか金属や布にも使用できます。手芸用品店などで入手可能。

ジュエリーシーラント

アクリル樹脂などでできた用液。紙のにじみを防げます。手芸用品店などで入手可能。

つまようじなどでジュエリーシーラントを少量とり、塗る。

→

乾いたら、その上からUVレジン液をつまようじなどで塗る。

→

UVライトで約5〜10分程度、日光なら半日ほどかけて乾かす。

立体にするテクニック

本書で使用している立体のテクニックは大きく分けて6つ。
まるめるだけのシンプルなものから、パーツを組み立てる複雑なものまで、
マスターすれば自分だけのアレンジを加えることも可能です。

組み立てる

いくつものパーツを貼り合わせていくことで、複雑な形を作ることが可能です。「フルール・ド・リス」（P10-11）、「窓際温室」（P15）、「モン・レーヴ」（P18）など。

連ねる

ひとつのモチーフを連ねて、ブレスレットやレイに。単体で作ったり、慣れてくれば連ねる数を変えて長さを調整してもOK。「ブルー・ローズa」（P14）、「無垢の祝福」（P24）など。

重ねる

同じパーツを重ねて立体にする、初心者でも取り入れやすいテクニックで、花のモチーフでよく使います。「わたしを離さないで」（P13）、「少女だったころ」（P29）など。

折る

山折りと谷折りを組み合わせて、平面から奥行きのある立体に変身させます。「フルール・ド・リス」（P10-11）、「スノー・ホワイトa」（P34・38）、「幸運をはこぶ石」（P42）など。

からめる

でき上がったパーツをからめたり、引っかけたり、巻きつけたりして仕上げます。「ハートの罠」（P28）、「幸運をはこぶ石」（P42）、「粉雪をまとって」（P43）など。

まるめる

ペンや筒など棒状のものに巻きつけると、ほどよいまるみが生まれます。手で反らせるだけでも、さりげない立体感が。「寝覚めの夢」（P8-10）、「フルール・ド・リス」（P10-11）など。

作り方のポイントとテクニック

基本の切り方(→P50)をベースに図案を切っていきましょう。
ここでは各図案の切り方のポイントや
立体にするさいの手順、テクニックを紹介します。

＊仕上がり寸法はおすすめのサイズです。作りたいサイズに図案を拡大、縮小してもよいでしょう。
＊プロセスの図案はわかりやすいように黒で印刷している場合があります。

寝覚めの夢
a d
P8-10
図案／P66
仕上がり寸法／(a) 縦8.8×横10.1cm　(d) 縦8.5×横11.7cm

ラップの芯など、筒状のものに巻きつけて全体にまるみをつけます

1 コピー用紙くらいの薄さの紙を2枚用意し、モチーフを挟む。

2 ラップの芯など、ある程度硬さのある筒状のものに、**1**を巻きつける。

3 輪ゴムで固定してひと晩置くか、時間がない場合はドライヤーで5分ほど温めると、ほどよいまるみがつく。

寝覚めの夢
b
P8-9
図案／P65
仕上がり寸法／縦9.5×横12.5cm

胴体の歯車の切り方にコツがあります

1 歯のおおまかな輪かくを切りとる。

2 1〜3の順で、歯の凸凹に沿って余分な部分を切りとる。内から外に向かってカッターを使うとよい。

寝覚めの夢
c
P8-10
図案／P65
仕上がり寸法／縦9.5×横12.5cm

触覚の蓮部分は立体になっています。花びらを折りたたむ順番に注意しましょう

1 裏を上にして置き、下の2枚の花びらを数字の順番に折りたたむ。

2 最後に上の花びらを折り、接着剤で軽く貼る。

3 ひっくり返し、切り込みが入っている内側の羽を手で立ち上げて、全体に立体感を出す。

フルール・ド・リス
P10-11
図案／*P67*
仕上がり寸法／
（全体）縦10×横15×高さ5 cm
（花）直径6×高さ5 cm

めしべ、花びら、葉の3種類のパーツを組み合わせて作ります

1 6枚のめしべのパーツを重ねてクリップでとめ、根元を1枚ずつ貼る。

2 花びらは、まず3つのAから準備する。

3 Aはすべて、根元を山折りにし、ふくらみを作る。

4 2の★を、1のめしべを挟んで貼る。

5 4で貼った部分をクリップで固定し、☆の部分を貼り合わせる。

6 5で貼った2か所をそれぞれクリップで固定し、乾かす。

7 乾かしている間に葉を準備する。カッターやペンなどに巻きつけて、螺旋状のクセをつけておく。長時間置かなくてもOK。

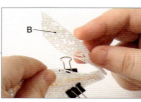

8 Bはすべて根元を谷折りにする。6のクリップをはずし、Bの表を下にした状態でかぶせるように根元を貼る。

9 ピンセットでしっかりと押さえて固定する。同様にほかのBも貼る。

10 2枚の葉で花びらの根元を挟むようにして貼る。

11 花びらを1枚ずつ反らして、ユリの花の形に整えていく。

12 めしべを指でほぐして、自然な感じにばらけるようにする。

ひとひらの舞
a b c
P12
図案／P66
仕上がり寸法／直径5.5cm

bはピンクの濃淡で切った2枚のモチーフを貼り合わせて作ります

1 2枚を少しずらして重ね、クリップでとめる。重ねる順番はどちらでもよい。

2 下の花びらの中央に接着剤をつける。

3 2枚を貼り合わせる。さらに、同様に3枚貼り合わせるとよりボリュームが出る。

わたしを離さないで
P13
図案／P68
仕上がり寸法／全長16cm、
（本体）直径8cm、高さ0.5cm

本体のパーツは少しずらして重ねて、手でまるみをつけましょう

1 本体を少しずつずらして重ね、真ん中に接着剤をつけて貼り合わせる。

2 1枚ずつ手で反らせてまるみをつけていく。

3 リボンを写真のようにずらしてふたつ折りにし、折り目を貼っておく。

4 2の裏面に3のリボンを貼る。

5 身につける場合、裏面にブローチピン（2.8cm）を接着剤で貼って使用する。

ブルー・ローズ
a
P14
図案／P69
仕上がり寸法／全長24cm、
輪にしたときの直径約7cm

花びらに入れた切り込みを立たせて立体にします

1 切り込み線を入れた部分を、すべてピンセットで立たせていく。

2 留め具部分を確認。写真のように、丸い部分を輪に通す。

3 丸の部分を折ると、輪に通しやすい。輪の部分はUVレジン液で補強しておくと安心（→P51）。

ブルー・ローズ
b
P14
図案／*P69*
仕上がり寸法／
全長6cm（金具含まず）

アクセサリーパーツをつけてピアスに

1 丸カン（0.8×5㎜）2個、ピアス金具（2.1×2.1cm）2個を用意する。

2 切り込み線を入れた部分を、すべてピンセットで立たせていく。

3 丸ペンチ、平ペンチを使って、丸カンを開く。

4 上の輪部分に丸カンを通す。

5 ピアス金具も丸カンに通し、丸カンをしっかりと閉じる。

窓際温室
P15
図案／*P70-71*
仕上がり寸法／
直径5.5×高さ9cm（植木鉢含まず）

V字に入れた切り込みを立たせてとげを表現します

1 本体のV字部分は切り抜かずに、切り込みを入れるだけでOK。

2 1で入れた切り込み部分を、指で立たせてとげを作る。

3 本体のカーブしている部分ののりしろを貼る。すべての本体パーツを貼ったら、乾かす。

4 直線部分ののりしろでパーツ同士を写真のように貼り合わせていく。

5 すべて貼ったら、上下をクリップでとめて固定し、接着剤が乾くまで置いておく。

6 花は少しずつずらして3枚重ね、接着剤をつけて貼り合わせる。花びらを少し反らして形を整えておく。

7 6の裏面に接着剤をつけ、乾いた5の上に貼る。

8 小さな植木鉢にテラリウム用の土を入れる。

9 8に7のサボテンを入れ、さらに土を入れて固定する。

枠の上辺にリボンを通してガーランドに

銀河旅行
a b c d
P16-17
図案／P71-74
仕上がり寸法／全長約100cm
（1枚）上辺15cm、側辺14.5cm

1 本体と枠のセットを確認する。

2 枠の裏を上にして、上辺を手前に折っておく。

3 2に本体を裏向きにして重ねる。

4 上辺の折り目に沿ってリボンを置き、のりしろに接着剤をつける。

5 リボンを挟むように枠の上辺を折りたたんで、本体と枠を貼り合わせる。同様にすべてのパーツにリボンを通していく。

貼り合わせる順番にコツがあります

クレール・ド・リュンヌ
P19
図案／P78-79
仕上がり寸法／
縦5×横9×高さ10.5cm

1 Aをふたつ折りにし、のりしろに折り目をつけ、接着剤をつける。

2 1ののりしろを貼り、三日月の側面を作る。

3 Bも同様に貼る。クリップで先端を固定し、片側をすべて貼ってから、もう一方を貼るとやりやすい。

57

土星の本体は上から組み立てるのがポイントです

モン・レーヴ
P18
図案／P76-77
仕上がり寸法／
直径7.5×高さ7cm（輪含まず）

1 図案の、のりしろについている番号順に貼っていく。番号はあくまで参考なので、自分のやりやすい順で貼ってもOK。

2 同じ番号のものは写真のように同時に貼る。カーブをつけながら貼るのがコツ。また、のりで仮どめしながら貼ってもよい。

3 本体に輪をかぶせる。とくに接着剤をつけなくてもよい。

4 キャンドルライトにかぶせる。ライトに合わせて図案を拡大してもよいが、本体図案がA3サイズ以上だと強度が弱くなるので注意。

カエルにおたまじゃくしと蓮を接着します

朝を泳ぐ
P20
図案／P75
仕上がり寸法／
（カエル）縦21×横12×高さ2cm
（蓮）直径5×高さ2.5cm
（おたまじゃくし）縦8.2×横3cm

1 カエルの頭とお尻をのりしろで貼り、立体にする。

2 蓮の花びらを指で起こしてまるみをつけ、上からA・B・Cの順に花びらを少しずらして重ね、真ん中を貼る。

3 好みで蓮とおたまじゃくしを貼りつける。

左右対称の図案を折って立体にします

水とダンス
P21
図案／P80-81
仕上がり寸法／
（金魚）縦11×横9.5×高さ4.5cm
（水草A）縦22×横5.2cm
（水草B）縦24×横5cm

1 頭部分の2か所ののりしろを折って、接着剤をつけて貼る。

2 背びれは、折らずに内側同士を写真のように立てて貼って、ひれを作る。

3 尾ひれは、**1**と同様に、のりしろを折って貼る。

4 腹部も**1**と同様に、のりしろを折って貼る。

5 各ひれを広げて形を整える。水草に貼ってもよい。

額装するなら、台紙をつけて水槽のイメージにしても

幾何学の魚
a b
P22
図案／P80
仕上がり寸法／(a) 縦8.3×横12.3㎝ (b) 縦7.4×横12.5㎝

1 額の大きさに切った紙に、大小の泡を下描きし、切り抜く。

2 モチーフを貼る。

3 **2**を額に入れ、閉じて完成。

モチーフを台紙に貼り、余分な部分を切り落とします

ブルー・タイル
a b
P23
図案／P69
仕上がり寸法／(a) 直径9.7㎝ (b) 縦10×横10.1㎝

1 モチーフより少し大きめに切った台紙を用意し、モチーフの裏全体に接着剤をつけて貼り合わせる。

2 輪かくに合わせて台紙を切り落とす。このとき刃を内側に差し込むように、寝かせぎみに入れると仕上がりがきれいになる。

花びら同士を貼り合わせて立体の花に仕上げます

無垢の祝福
P24
図案／P82
仕上がり寸法／全長約40㎝

1 隣同士の花びらをのりしろで貼り、立体にする。すべての花を同様に貼る。

2 花びらを1枚ずつ反らせてまるみをつけ、花の形を整える。

3 端の花同士の花びらの先を貼り、輪にする。

しずくの音階
P25
図案／P79
仕上がり寸法／全長24.8cm、輪にしたときの直径約7cm

羽の模様と、留め具のデザインがポイントです

1 羽のラインを切り抜く。少しずつ刃を入れながら、ごく細く切り抜くのがポイント。

2 留め具となるのは写真のように五線譜の端の大小の輪と、つばめにつけた小花。小花は折りめをつけておくと通しやすい。

3 通しにくい場合は、ピンセットを使うとよい。留め具部分はUVレジン液で補強しておくのがおすすめ（→P51）。

魔法をかけて
a b c d
P26-27
図案／P81
仕上がり寸法／（a）縦7.5×横3.8cm（b）縦6.1×横6.5cm（c）縦7.9×横3.6cm（d）縦5×横6.8cm

葉脈の切り抜きはランダムに残してアレンジしてもよいでしょう

1 cの葉脈部分はすべて切らずにランダムに切り落としてもよい。デザインに変化をつけたいときや、初心者にもおすすめ。

ベル・リュネット
P26
図案／P84
仕上がり寸法／縦11.5×横13.4cm

羽を折ったりまるめたりして動きを出しましょう

1 羽を後ろに折ってクセをつける。

2 指で羽にまるみをつける。「寝覚めの夢a・d」（→P53）のように筒状のものに巻いてまるみをつけてもよい。

ハートの罠
P28
図案／P84
仕上がり寸法／
（巣）縦9.2×横10cm
（クモ）縦16.7×横2.5cm

胴体を立体にしたクモを巣に引っかけます

1 クモの胴体をのりしろで貼り、ふくらみを出す。

2 ピンセットなどで、写真のような巣の糸の端部分を立たせる。

3 クモの糸の先端を、巣の好きな位置に引っかける。

少女だったころ
P29
図案／P83
仕上がり寸法／
直径7.5×高さ1.5㎝

花びらは小さいほうからずらして貼り重ねます

1 好みのパールやビーズ（直径1㎝）とブローチピン（2.8㎝）を用意する。

2 花びらはAからLの順に貼っていく。花びらの後ろに接着剤をつけ、少しずらして貼り合わせていくのがポイント。

3 花びらをすべて貼ったら、手で花びらを起こして立体感をつけていく。

4 中央にパールやビーズを貼る。

5 4の裏面にブローチピンを貼る。

真夜中のカードゲーム
a b c d e f
P30-31
図案／P85
仕上がり寸法／縦9×横6㎝

台紙に切ったモチーフを貼って余分な部分を切り落とします

1 仕上がりサイズより少し大きめに切った台紙を用意し、切ったモチーフb〜fの裏全体に接着剤をつけて貼り合わせる。

2 モチーフの輪かくに沿って台紙を切り落とす。このとき刃を内側に差し込むように、寝かせぎみに入れると仕上がりがきれいになる。

3 モチーフaを2の裏に貼る。aがトランプの裏になる。

世界一周の旅
a b c d
P32-33
図案／P86
仕上がり寸法／縦11×横3.2㎝

カモメや星などの細かい模様は切り方にコツがあります

1 bのカモメのように細かい図柄は、刺すように少しずつ刃を入れて切るのがコツ。切り抜いた紙は刃で刺して取り出す。

2 cの台紙の模様は、写真のような順番で切ると仕上がりがきれいになる。

山折りと谷折りで凹凸をつけて立体にします

スノー・ホワイト
a
P34,38
図案／*P87*
仕上がり寸法／
縦11.5×横12×高さ3㎝

1 A・Bとも、裏を上にして置き、のりしろを内側に折っておく。

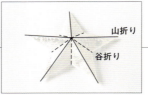

2 A・Bともひっくり返し、写真のように山折りと谷折りにして、星に凹凸をつける。

3 のりしろに接着剤をつける。

4 AとBを、図案（P87）の★で絵柄を合わせて貼り合わせる。ピンセットでのりしろを押さえるとやりやすい。

5 先端部分の好きなところに吊るすためのチェーンやリボンなどを通す。

貼り合わせた本体にクラッパーを差し込みます

スノー・ホワイト
b
P35
図案／*P88*
仕上がり寸法／
直径6.5×高さ10㎝

1 クラッパーBののりしろに接着剤をつけ、写真のように輪にし、クラッパーAの★を挟んで貼り合わせる。

2 本体パーツののりしろに接着剤をつけ、写真のように貼り合わせる。

3 カーブをつけながら貼り合わせ、最後の閉じる手前まで貼っていく。

4 クラッパーを、1で貼り合わせた部分が本体の内側にくる位置に置き、本体をすべて貼り合わせてベルの形にする。

5 クラッパーの輪になった部分にチェーンやリボンなどを通す。

上から順番に貼り合わせて球体にしていきます

スノー・ホワイト
c
P35
図案／P89
仕上がり寸法／
直径7cm

1 図案ののりしろの番号順に貼っていく。接着剤をつける前にのりで仮どめをしてもよい。番号は参考なので、自分がやりやすい順でOK。

2 カーブをつけながら貼る。最後の球を閉じる部分は、ピンセットを使って押さえると貼りやすい。

3 上の切り抜いた部分にチェーンやリボンなどを通す。通しにくい場合はピンセットを使うとよい。

放射状の図案は真ん中から切り進めます

雪のレース
a b c
P36-37, 39
図案／P90-91
仕上がり寸法／(a)直径11.6cm
(b)直径10.8cm
(c)縦12×横10.5cm

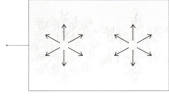

1 a・bのように放射状の図案は、真ん中から放射状に切り進める。

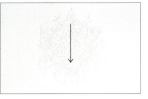

2 放射状の図案でもcのようなデザインは、上から順に切り進める。

キツネ（c）のしっぽとフクロウ（e）の羽の毛並みの切り方がポイントです

カクテル・パーティー
a b c d e
P40-41　図案／P90-91
仕上がり寸法／(a)縦6.1×横7.6cm
(b)縦5.7×横9cm (c)縦6.3×横9cm
(d)縦6.4×横6.8cm (e)縦7.3×横13.2cm

1 角をきれいに切るには、起点を谷部分にする。cのしっぽの場合はV字の谷を起点に。

2 毛の線を切る場合は、矢印のように毛の流れに逆らわないようにするとリアルな表現になる。

ダイヤモンドは中に1枚パーツを入れることで奥行きが感じられるようになります

幸運をはこぶ石
P42
図案／P92-93
仕上がり寸法／全長約30cm
（ダイヤモンド部分）縦6.7×横7×高さ5cm

1 ダイヤモンドAを、裏を上にし、写真のように山折り（実線）と谷折り（点線）にする。

2 のりしろを外側に折る。

3 のりしろを中央の切り込みで写真のように重ねて貼り合わせる。5辺すべて同様に貼る。

4 **3**の下部分を手でつまむように持ち、貼り合わせたのりしろの上に接着剤をつける。

5 ダイヤモンド**B**を裏を上にし、のりしろを谷折りにしたら、**4**を写真のように貼る。五角形の各辺がぴったりと合うようにすること。

6 ダイヤモンド**C**のパーツをすべて**5**に貼っていく。あらかじめ写真の線の部分やのりしろに折りクセをつけておくと貼りやすい。

7 ツタ**B**をダイヤモンドの好きなところに引っかける。

8 ツタ**A**をツタ**B**に引っかける。

9 ツタ**A**のもう一方の先も同様に引っかけて、輪を作る。

ワイヤーで作った芯に花と葉を巻きつけていきます

粉雪をまとって
P43
図案／P93-95
仕上がり寸法／直径約18cm

1 リース用もしくは造花用の白いワイヤー（約1m）と、コードタイプのLEDライトを用意する。

2 ワイヤーで直径15cmほどの円を作り、リースの芯にする。LEDライトをたるみがないように巻きつける。

3 花**A**・**B**はあらかじめ茎部分を貼ってつなげておき、ワイヤーの芯にバランスよく巻きつけていく。

4 巻き終わりは玉の部分を貼って固定する。

5 **4**に葉を巻きつけていく。巻き終わりは自然に引っかければよい。ほどけるようなら、接着剤で固定する。

図案集

仕上がり原寸の図案になっていますが
細かい部分が切りにくい場合やアレンジしたい場合は、
拡大・縮小して使用してください。

- 使用する紙や紙の色は好みで選んでかまいません。参考までに本書で使用しているタント紙（70kg）のカラー番号を各図案の（ ）内にしるしています。
- 色の薄い部分はのりしろになります。
- 色の薄い線は切り抜かず、切り込みを入れるだけの線です。

＊図案集の見方についての詳しい説明は7ページをご参照ください。

寝覚めの夢
P8-10
作り方／*P53*

b
（P-50）

c
（P-67）

寝覚めの夢
P8-10
作り方／*P53*

a
(P-60)

d
(L-62)

ひとひらの舞
P12
作り方／*P55*

a・b　　　　　　b　　　　　　c
(P-50)　　　　(L-50)　　　(L-50、P-50)

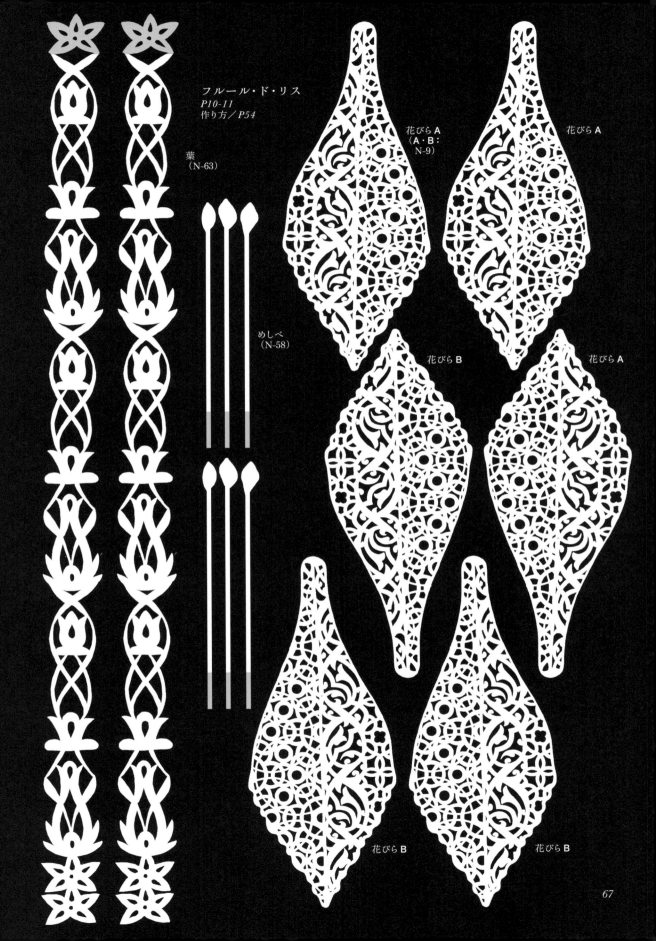

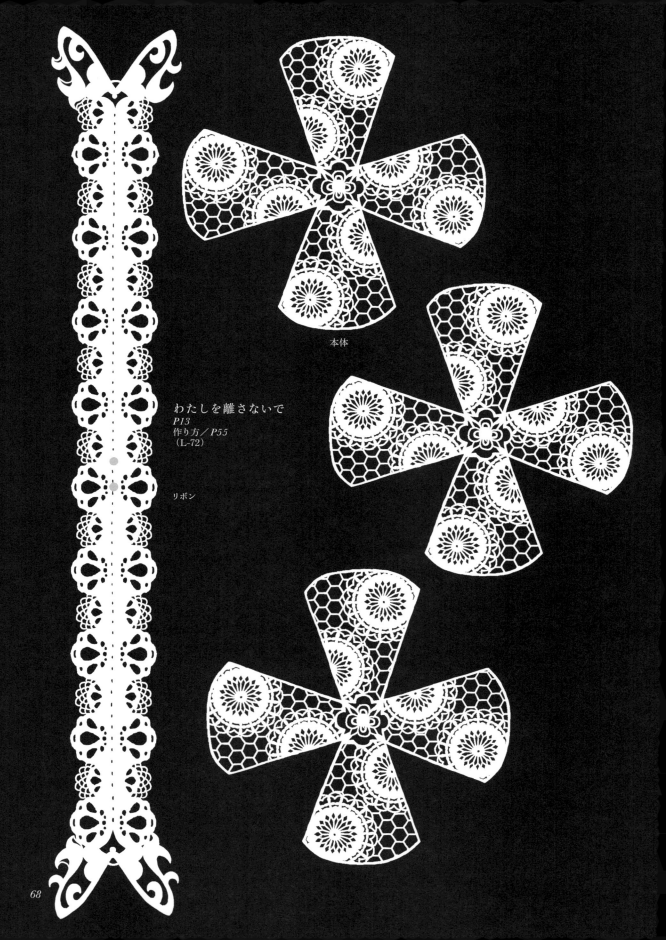

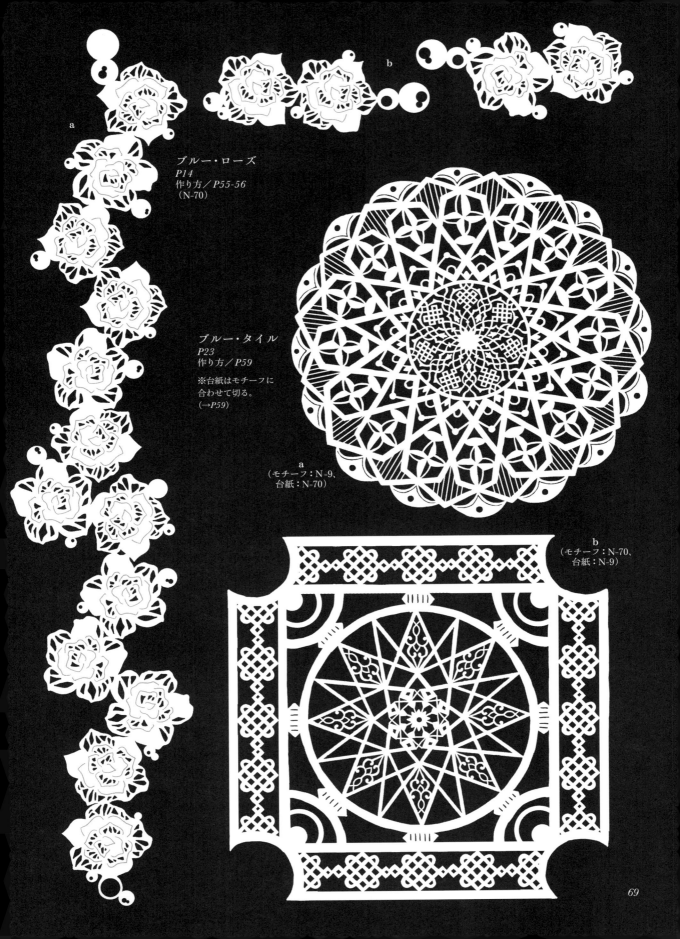

窓際温室
P15
作り方／P56-57

本体
(N-63)

花
（N-58）

銀河旅行
P16-17
作り方／P57

a・本体
（a〜d本体：H-70）

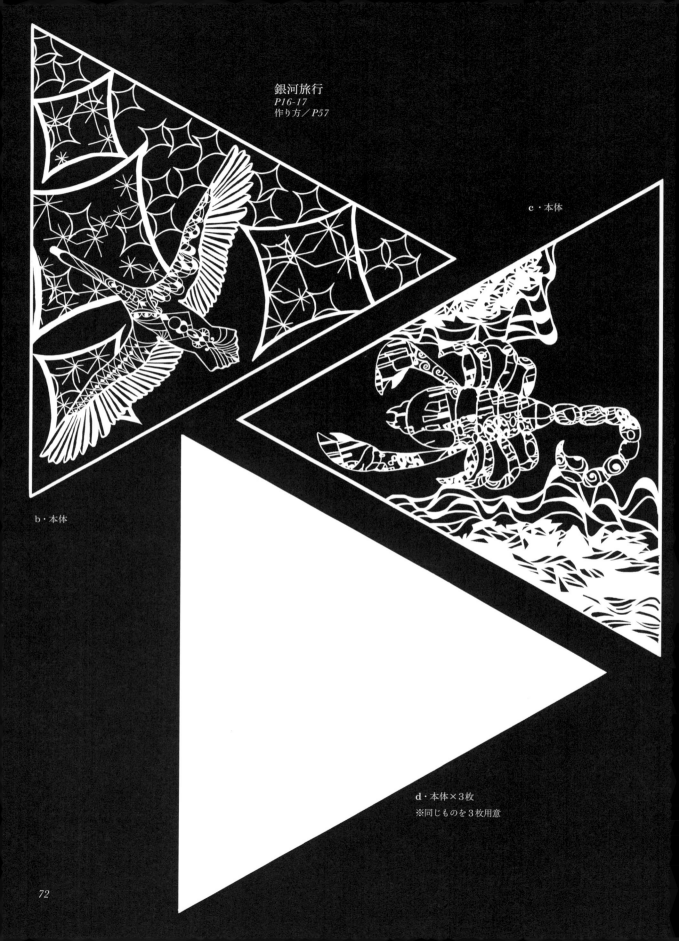

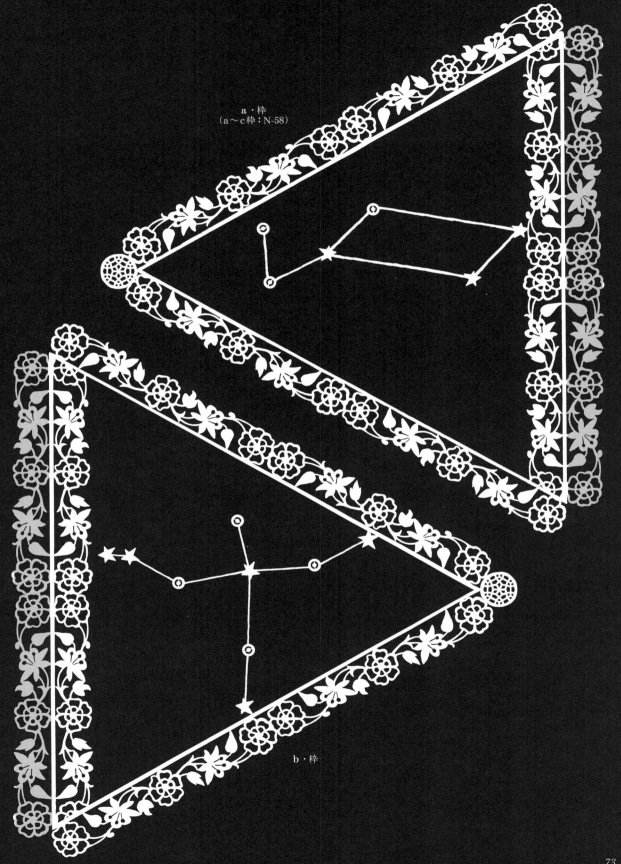

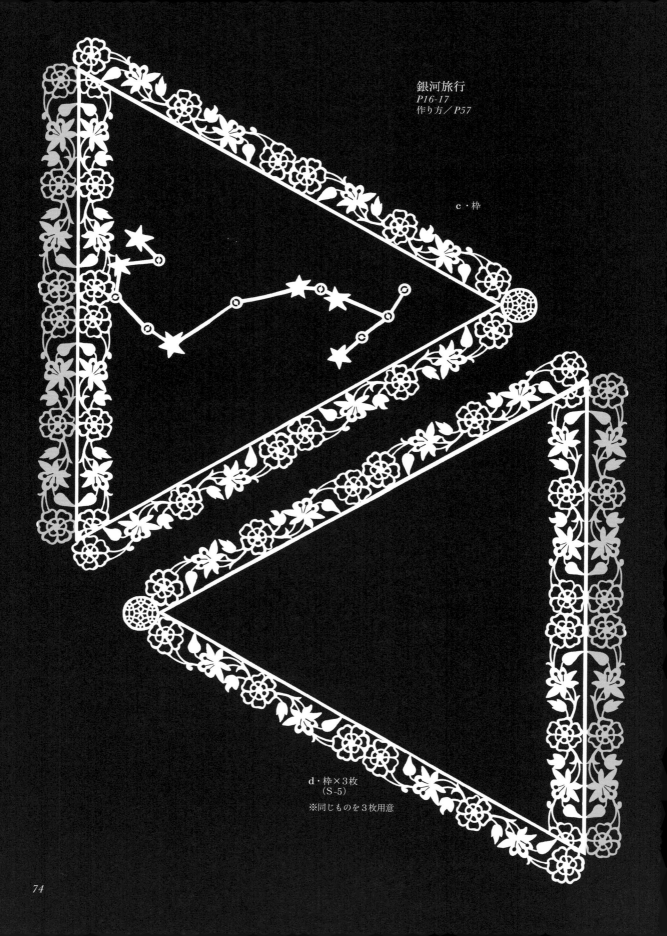

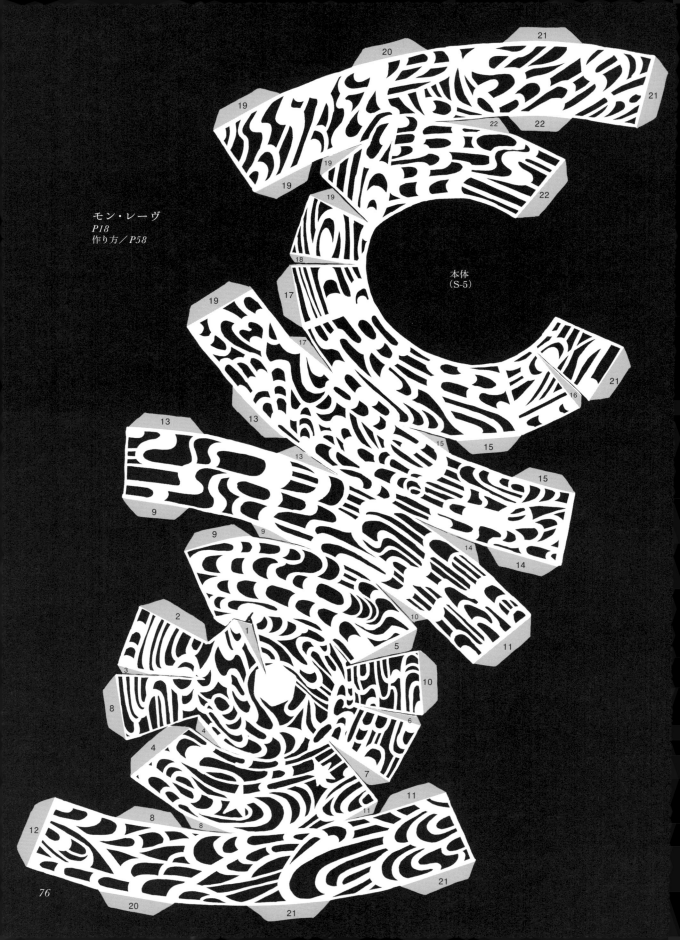

輪
(H-70)

クレール・ド・リュンヌ
P19
作り方／P57
（N-60）

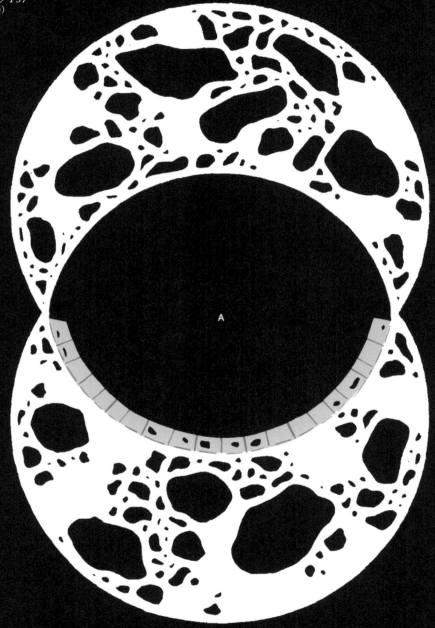

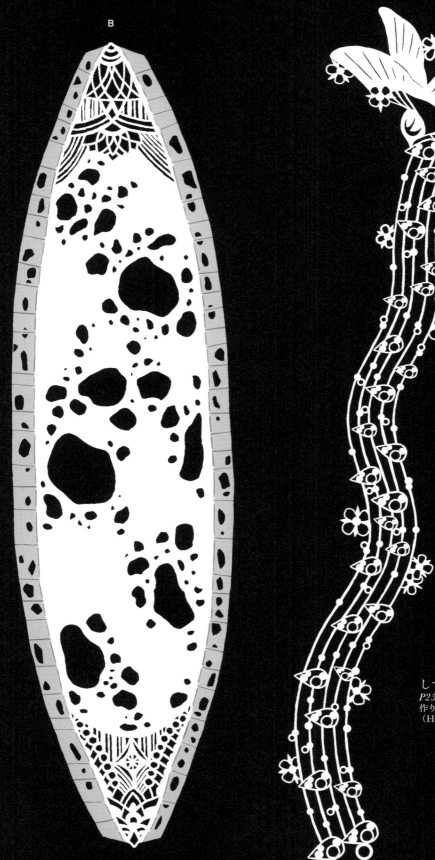

しずくの音階
P25
作り方／P60
（H-70）

幾何学の魚
P22
作り方／*P59*

a (N-56)

b (N-70)

水とダンス
P21
作り方／*P58-59*

金魚 (N-52)

無垢の祝福
P24
作り方／P59
（N-9）

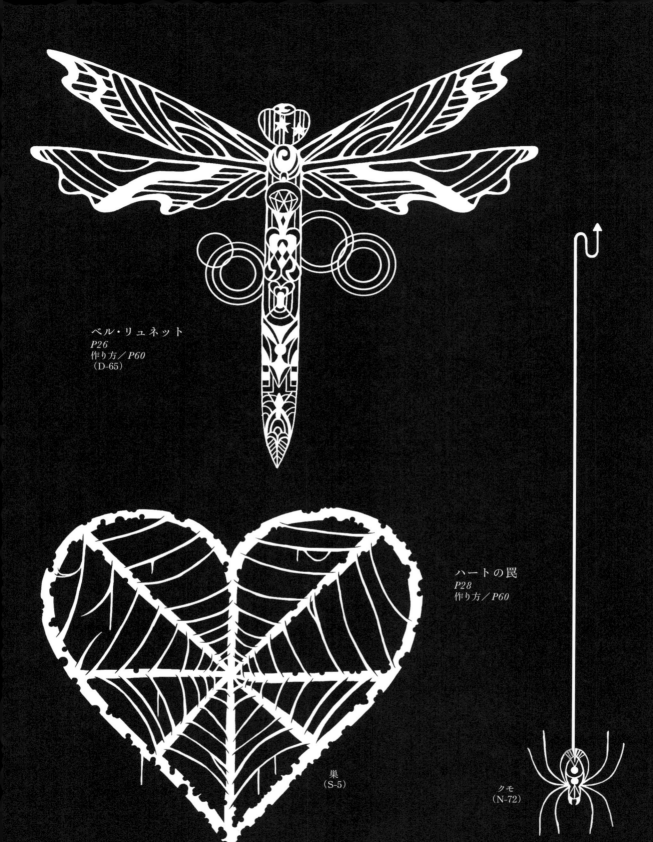

真夜中のカードゲーム
P30-31
作り方／P61

※台紙（N-9）はモチーフに合わせて切る。
（→P61）

b（b・d：N-52）

c（c・e：S-5）

d

e

f（N-72）

a（N-72）

85

a・台紙（H-70） b・台紙（S-5） c・台紙（N-72） d・台紙（N-52）

世界一周の旅
P32-33 作り方／P61

a・モチーフ（N-9） b・モチーフ（N-70） c・モチーフ（L-50) d・モチーフ（N-58）

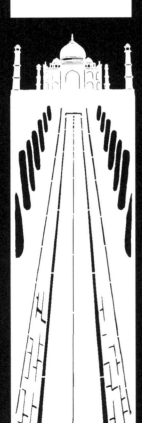

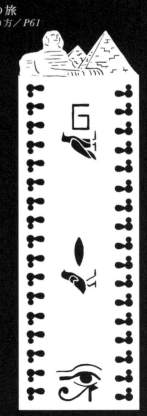

スノー・ホワイト
a
P34, 38
作り方／*P62*
（N-9）

スノー・ホワイト
b
P35
作り方／P62
（N-9）

本体

クラッパー A

★

クラッパー B

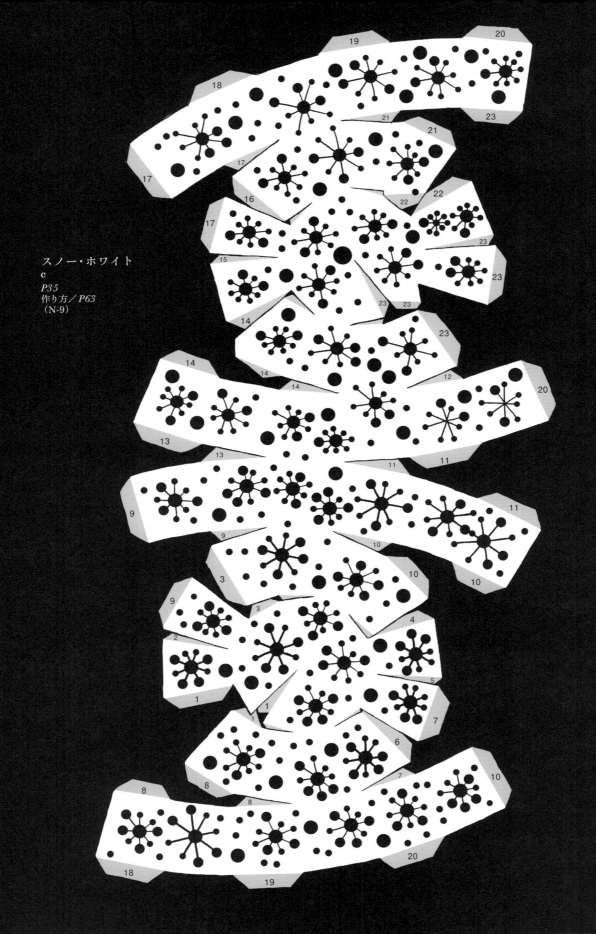

カクテル・パーティー
P40-41
作り方／P63

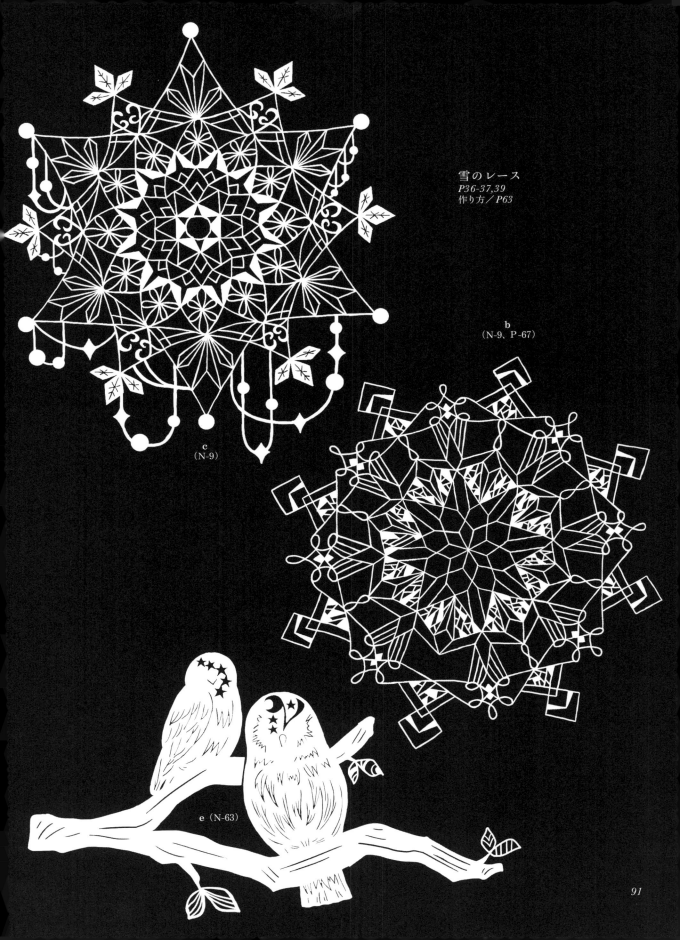

雪のレース
P36-37, 39
作り方／P63

c (N-9)

b (N-9, P-67)

e (N-63)

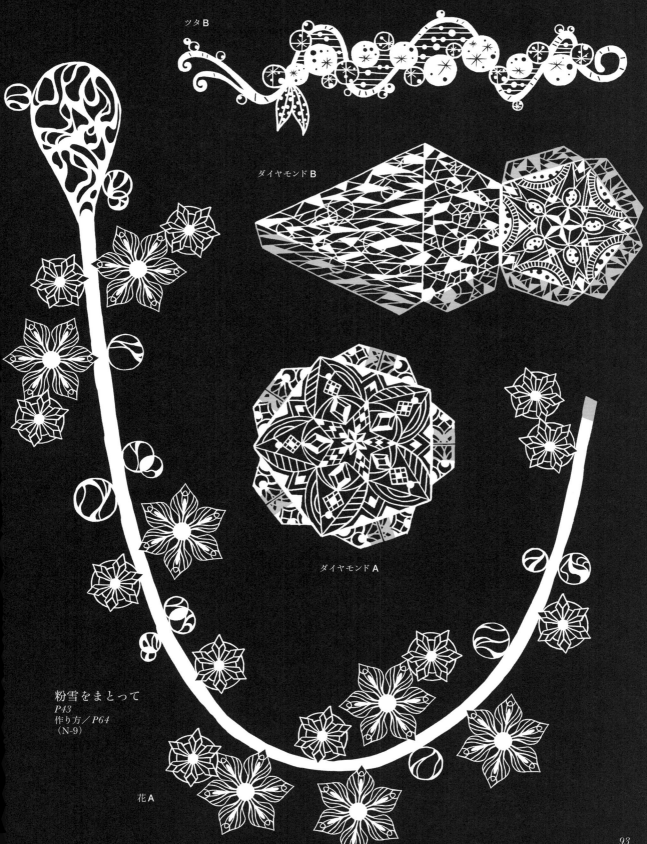

ツタB

ダイヤモンドB

ダイヤモンドA

粉雪をまとって
P43
作り方/P64
(N-9)

花A

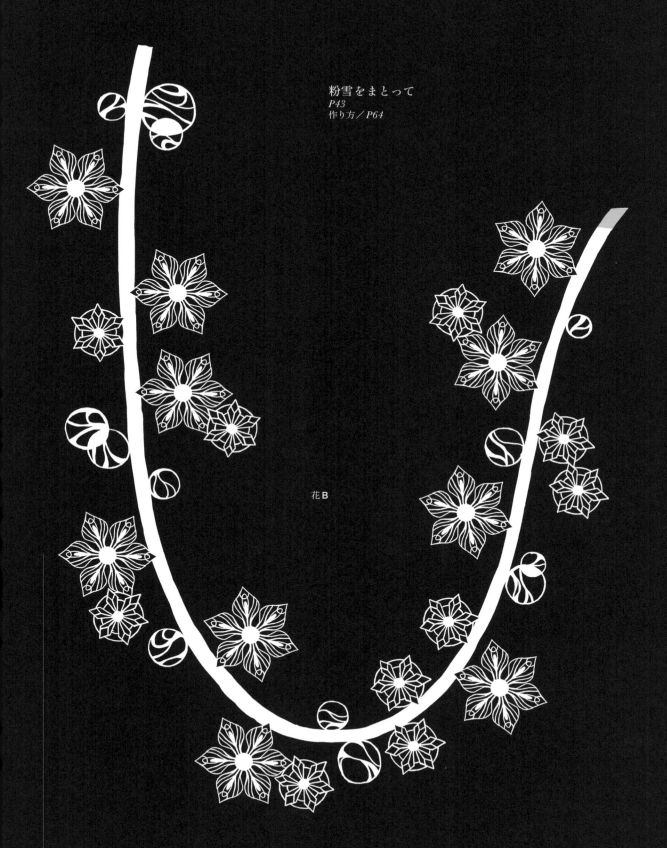

粉雪をまとって
P43
作り方／P64

花B

葉

著者

カジタミキ
Miki Kajita

島根県出雲市出身・在住。
骨董品店で出会った柿渋染めの型紙がきっかけで、その図柄を切るために独学で切り絵を始める。2011年に初の個展を開催。2015年にはウエディングドレスデザイナー・ユミカツラのパリコレおよび、桂由美ブライダルハウス本店50周年記念ショーウインドウディスプレイ用に切り絵を製作。2016年にはニューヨークで個展を行い、海外でも高い評価を受ける。
http://www.kirie-mikikajita.com

撮影	加藤新作
	天野憲仁（株式会社日本文芸社）
スタイリング	梶本美代子
デザイン	佐々木恵実（ダグハウス）
編集	時岡千尋（ダグハウス）
校正	くすのき舎
プリンティングディレクション	丹下善尚（図書印刷株式会社）

アクセサリーパーツなど・参考ショップ
クラフトハートトーカイ
TEL 0120-478-020
http://www.crafttown.jp
＊店舗や商品によって取り扱いがない場合もあります。

Wonderland of Paper Cutting
ワンダーランド オブ ペーパーカッティング
立体でつくる、綺麗な切り絵と小物たち
2017年1月31日　第1刷発行

著　者	カジタミキ
発行者	中村　誠
印刷所	図書印刷株式会社
製本所	図書印刷株式会社
発行所	株式会社日本文芸社
	〒101-8407
	東京都千代田区神田神保町1-7
	TEL 03-3294-8931（営業）
	03-3294-8920（編集）

Printed in Japan　112170110-112170110 Ⓝ 01
ISBN978-4-537-21447-5
URL http://www.nihonbungeisha.co.jp/
Ⓒ Miki Kajita 2017

印刷物のため、作品の色は実際と違って見えることがあります。ご了承ください。

本書の一部、または全部をホームページに掲載したり、本書に掲載された作品を複製して店頭やネットショップなどで無断で販売することは、著作権法で禁じられています。

乱丁・落丁本などの不良品がありましたら、小社製作部宛にお送りください。送料小社負担にておとりかえいたします。法律で認められた場合を除いて、本書からの複写・転載（電子化を含む）は禁じられています。また、代行業者等の第三者による電子データ化及び電子書籍化は、いかなる場合も認められていません。
（編集担当：角田）